Leistungsbild und Honorierung

Nr. 43

Fachplanungsleistungen zu „Schadstoffen in Objekten – bauliche und technische Anlagen“

Stand: Februar 2023

erarbeitet von der
AHO-Fachkommission „Baufeldfreimachung/Altlasten“

Ausschuss der Verbände und Kammern der Ingenieure und Architekten für die Honorarordnung e.V.

Reguvis

Kooperationspartner des Bundesanzeiger Verlages

Bibliografische Information der Deutschen Bibliothek
Die Deutsche Bibliothek verzeichnet diese Publikation in der Deutschen Nationalbibliografie; detaillierte bibliografische Daten sind im Internet über: http://dnb.ddb.de abrufbar.

Herausgeber: AHO e.V.
Tauentzienstraße 18
10789 Berlin
Telefon: (030) 31 01 917-0
Telefax: (030) 31 01 917-11
E-Mail: aho@aho.de

Redaktionelle Bearbeitung: AHO-Fachkommission „Baufeldfreimachung/Altlasten"

Dieses Heft erscheint im Rahmen der AHO-Schriftenreihe. Alle Hefte der AHO-Schriftenreihe erscheinen als unverbindliche Praxishilfen zur Leistungsbeschreibung und Honorarkalkulation. Die Inhalte dienen der Orientierung und entfalten keinerlei rechtliche Bindungswirkung. Die geschuldeten Planungsleistungen und deren Honorierung bestimmen sich ausschließlich nach der vertraglichen Vereinbarung im Einzelfall.

ISBN 987-3-8462-1476-3
1. Auflage Februar 2023

Mitglieder der AHO-Fachkommission „Baufeldfreimachung/Altlasten"

Dr. rer. nat. Peter Redecke, Ihringen, Leiter der AHO-Fachkommission

Prof. Dr.-Ing. Stefanie Friedrichsen, Münster

Dipl.-Ing. Peter Hartwiger, Stuttgart

RA Ronny Herholz, Geschäftsführer des AHO e.V., Berlin

Dipl.-Ing. Martin Kessel, Heidelberg

Dipl.-Geol. Josef Kowalewski, Essen

Dipl.-Ing. Arndt von Lieberman, Lüneburg

Dipl.-Ing. Horst F. Rademacher, Iserlohn †

Allgemeines Vorwort zur AHO-Schriftenreihe

Eine für Auftraggeber und Auftragnehmer transparente und nachvollziehbare Honorarermittlung gibt Orientierung im Vergabeprozess, unterstützt die vertragliche Vereinbarung im Einzelfall und hilft damit nicht zuletzt, zeitaufwendige und kostenträchtige Streitfälle zu vermeiden. Honorare sollten daher systematisiert, nachvollziehbar und möglichst einheitlich ermittelt werden.

Nach dem Wegfall der verbindlichen Mindest- und Höchstsätze infolge eines Urteils des Europäischen Gerichtshofes regelt die Honorarordnung für Architekten und Ingenieure (HOAI 2021) auch künftig die Maßstäbe und Grundlagen für die Berechnung von Honoraren für die von der HOAI erfassten Leistungen und bietet weiterhin einen verlässlichen Orientierungsrahmen zur Kalkulation angemessener Honorare im Einzelfall.

Die Bedeutung der vertraglichen Vereinbarung über die zu erbringenden Planungsleistungen und deren Honorierung wird mit der ab 1.1.2021 geltenden HOAI 2021 weiter zunehmen, denn die bisherigen Regelungen zu den verbindlichen Mindest- und Höchstsätzen werden durch den Grundsatz ersetzt, dass sich das Honorar nach der Vereinbarung der Parteien richtet.

Diese Honorarvereinbarung muss nicht – wie bisher – schriftlich zum Zeitpunkt der Auftragserteilung geschlossen werden, um wirksam zu sein. Künftig ist es ausreichend, wenn diese Vereinbarung in Textform (z.B. per E-Mail) erfolgt. Sofern die Parteien keine Vereinbarung in Textform geschlossen haben, gilt der „Basishonorarsatz" als vereinbart, der anstelle des bisherigen Mindestsatzes eingeführt wurde und diesem entspricht. Diese Regelung übernimmt damit die Wertung des § 7 Abs. 5 HOAI 2013, ist aber im Gegensatz zu dieser als widerlegliche Vermutung ausgestaltet. Entsprechend einer Forderung des Berufsstandes der Architekten- und Ingenieure wurden die Fachplanungsleistungen der Anlage 1 Bauphysik, Geotechnik, Ingenieurvermessung sowie Umweltverträglichkeitsstudie den Grundleistungen der HOAI gleichgestellt. Das bedeutet, dass für diese Leistungen alle Allgemeinen Vorschriften (Teil 1 HOAI) uneingeschränkt anwendbar sind, beispielsweise die Vorschriften zur Honorarermittlung, aber auch die Regelung in § 7 Abs. 1 HOAI über die Anwendung des Basishonorarsatzes, sofern keine Vereinbarung über die Höhe der Vergütung getroffen wurde.

Aber auch für Besondere Leistungen sowie Planungsleistungen, die nicht in der HOAI geregelt sind, besteht ein großes praktisches Bedürfnis an Empfehlungen zur systematischen Honorarermittlung. Der AHO hat es sich mit seinen mehr als 24 Fachkommissionen und Arbeitskreisen zur Aufgabe gemacht, diese Lücke zu füllen. Seit 1987 werden die Beratungsergebnisse der mit Ingenieuren, Architekten und Stadtplanern interdisziplinär besetzten Arbeitsgremien in der „Grünen Schriftenreihe" veröffentlicht und erfreuen sich zunehmender Nachfrage, nicht zuletzt, weil die Spezialisierung der Planung angesichts zunehmender Komplexität stetig steigt.

Im Gegensatz zu den Grundleistungen gemäß § 3 Abs. 1 HOAI, die in den einzelnen Leistungsbildern abschließend erfasst und deren Bewertungen in die Honorartafeln der HOAI eingeflossen sind, werden Besondere Leistungen in der HOAI zwar beispielhaft aufgeführt, jedoch weder näher definiert noch bewertet. § 3 Abs. 2 HOAI enthält lediglich den Hinweis, dass die Aufzählung der Besonderen Leistungen in der HOAI nicht abschließend ist.

Dementsprechend beinhaltet die AHO-Schriftenreihe z.B. Leistungsbilder und Honorierungsempfehlungen für Leistungen des Brandschutzes, der Baulogistik oder der Verkehrsplanung.

Die Honorare für Besondere Leistungen können frei und formlos vereinbart werden. Besondere Leistungen können auch in anderen als den angeführten Leistungsbildern oder Leistungsphasen vereinbart werden, soweit sie dort keine Grundleistungen darstellen. In der AHO-Schriftenreihe werden Besondere Leistungen als Anwendungshilfe für Auftragnehmer und Auftraggeber in dem jeweiligen Einzelfall praxisnah beschrieben und regelmäßig aktualisiert. Diesen Leistungen werden, soweit dies möglich ist, unverbindliche Vorschläge zur Honorarkalkulation und Orientierung gegenübergestellt. Diese entfalten keinerlei rechtliche Bindungswirkung. Die geschuldeten Planungsleistungen und deren Honorierung bestimmen sich ausschließlich nach der vertraglichen Vereinbarung im Einzelfall.

Vorwort[1]

Zur Bewertung und Analyse des Gebäudebestandes darf eine mögliche Schadstoffkontamination nicht außer Acht gelassen werden. Der Bau- und Planungsprozess muss auf mögliche Schadstofffunde abgestimmt werden. Die Wirtschaftlichkeit von Baumaßnahmen an einem Altbau kann je nach Ausmaß der Belastung sogar infrage gestellt werden. Zwingend erforderliche Schadstoffsanierungsmaßnahmen können allerdings auch der Auslöser für weitere bautechnische oder funktionale Ertüchtigungen an einem Gebäude sein. Hierzu gibt das Heft 1 der AHO-Schriftenreihe „HOAI – Planen und Bauen im Bestand" eine wichtige Hilfestellung zur Berechnung des Honorars.

In der Gesetzgebung ist der Begriff Schadstoff nicht mit einer Legaldefinition belegt. Der Grund dafür mag in der Tatsache liegen, dass eine schädliche Wirkung von der Stoffmenge bzw. seiner Konzentration abhängt. Die Verordnung zum Schutz vor Gefahrstoffen (Gefahrstoffverordnung – GefStoffV) enthält jedoch eine Definition für den Begriff Gefahrstoff. Für Gefahrstoffe wurden Stoffmengen und Konzentrationen festgelegt, deren Grenzwerte beim Umgang nicht ohne besondere technische und personelle Schutzmaßnahmen überschritten werden dürfen.

Das Bewusstsein für die Schädlichkeit verschiedener Baustoffe hat sich erst relativ spät entwickelt. So werden selbst in modernen Gebäuden immer noch Baustoffe verbaut, die als bedenklich anzusehen sind. Damit ist allerdings nicht gesagt, dass hier auch immer mit einer Gefährdung von Menschen gerechnet werden muss. Somit erfordert nicht jeder Schadstoff eine umfangreiche bauliche Maßnahme. Häufig sind lediglich im Hinblick auf die Entsorgung besondere abfallrechtliche Bestimmungen zu beachten.

An dieser Stelle sei darauf hingewiesen, dass die gesetzlichen Bestimmungen insbesondere durch die Umsetzung europäischer Rahmengesetzgebung einer ständigen Anpassung und Erweiterung unterliegen. Das Erkennen und Bewerten von Schadstoffen erfordert langjährige Erfahrung, und daher sollten in der Regel zur Beurteilung von Bestandsobjekten erfahrene Sachverständige hinzugezogen werden.

In jedem Bundesland existieren länderspezifische Richtlinien. Das hat bei länderübergreifenden Entsorgungen zur Folge, dass z.B. im Bundesland der Herkunft der Abfall als gefährlich eingestuft wird, aber im Bundesland der Entsorgungsanlage die Einstufung als nicht gefährlich erfolgt. Aufgrund dieser Differenzen in der Bewertung und Einstufung der Abfälle kann es immer wieder zu Irritationen bei Abfallerzeugern, Abfallentsorgern und Aufsichtsbehörden kommen.

Berlin, im Februar 2023

Dr. Peter Redecke

– Leiter der AHO-Fachkommission „Baufeldfreimachung/Altlasten" –

1 Aus Gründen der leichteren Lesbarkeit wird in dem vorliegenden AHO-Heft die gewohnte männliche Sprachform bei personenbezogenen Substantiven und Pronomen verwendet. Dies impliziert jedoch keine Benachteiligung des weiblichen Geschlechts, sondern soll der sprachlichen Vereinfachung halber als geschlechtsneutral zu verstehen sein.

Inhaltsverzeichnis

Allgemeines Vorwort zur AHO-Schriftenreihe V

Vorwort VII

1 Einleitung 1

2 Leistungsbild für Gutachter- und Fachplaner bei Schadstoffen in Objekten – bauliche und technische Anlagen 9
- 2.0 Leistungsschritt 0: Risikobewertung zur Schadstoffbelastung als Beitrag zur Bedarfsplanung nach DIN 18205 9
- 2.1 Leistungsschritt 1: Auswertung der Historie und Erfassung der Ist-Situation 10
- 2.2 Leistungsschritt 2: Technische Erkundung 11
- 2.3 Leistungsschritt 3: Planung, Ausschreibung und Überwachung 13
  - 2.3.1 Leistungsschritt 3-1: Grundlagenermittlung und Vorplanung 13
  - 2.3.2 Leistungsschritt 3-2: Sanierungsplanung 14
  - 2.3.3 Leistungsschritt 3-3: Ausführungsplanung und Ausschreibung 15
  - 2.3.4 Leistungsschritt 3-4: Überwachung und Dokumentation 17

3 Erläuterungen einzelner Maßnahmen bei Schadstoffen in Objekten – bauliche und technische Anlagen 19
- 3.0 Leistungsschritt 0: Risikobewertung zur Schadstoffbelastung als Beitrag zur Bedarfsplanung nach DIN 18205 19
- 3.1 Leistungsschritt 1: Erfassung und Erstbewertung der Historie und der Ist-Situation 19
- 3.2 Leistungsschritt 2: Technische Erkundung 20
- 3.3 Leistungsschritt 3: Planung, Ausschreibung und Überwachung 21
  - 3.3.1 Leistungsschritt 3.1: Grundlagenermittlung und Vorplanung 21
  - 3.3.2 Leistungsschritt 3.2: Sanierungskonzept 21
  - 3.3.3 Leistungsschritt 3.3: Ausführungsplanung und Ausschreibung 22

4 Empfehlungen zur Honorierung von Gutachter- und Planerleistungen bei der Schadstoffsanierung 23
- 4.1 Gutachterleistungen 23
- 4.2 Planerleistungen 23
- 4.3 Herleiten der Stundensätze mit Randbedingungen 23
- 4.4 Ermittlung von „Leitparametern" für die Honorierung 24
- 4.5 Stufenweise Beauftragung 26

5 Abkürzungen und Definitionen 27
- 5.1 Abkürzungen 27
- 5.2 Definitionen 27

6 Quellen und weiterführende Literatur 31
- 6.1 Quellen 31
- 6.2 Weiterführende Literatur 32

1 Einleitung

Im Rahmen der Erstellung der Arbeitshilfen für die Baufeldfreimachung (AHO-Schriftenreihe Heft 18) wurde deutlich, dass zur Ergänzung auch Arbeitshilfen für den Planungsbereich „Schadstoffe in Objekten – bauliche und technische Anlagen" erforderlich sind.

Die Regelnotwendigkeit ergab sich aus der bisherigen Praxis der Honorierung von Gutachter- und Fachplanungsleistungen bei der Erkundung, Bewertung und Sanierung von Schadstoffen. Diese Leistungen sind aufgrund ihrer Komplexität nicht erschöpfend beschreibbare Ingenieurleistungen. Ihre Ergebnisse müssen dem Anspruch an eine fachlich kompetente und qualitativ hochwertige Bearbeitung entsprechen. Alle wesentlichen Vergaberegelungen sind in den neuen VergRModG, GWB, VgV abgebildet.

Bauwerke und technische Anlagen können schadstoffhaltige Baumaterialien und Einbauten enthalten, die bei Bauen im Bestand (Erweiterung, Umbau, Modernisierung oder Instandsetzung), Rückbau oder Weiternutzung u.U. saniert werden müssen (Abbildung 1). Fallen derartige Teile mit den übrigen Abbruchabfällen vermischt an, führt dies häufig für das gesamte Abbruchmaterial zu erheblich höheren Entsorgungskosten. Im Falle möglicher oder bestehender nutzungsbedingter Kontaminationen oder schadstoffhaltiger Baumaterialien ist ein Gutachter zur Analyse der Schadstoffe sowie ein Fachplaner zur Erstellung eines Sanierungs- und Entsorgungskonzeptes heranzuziehen.

Bitte umblättern

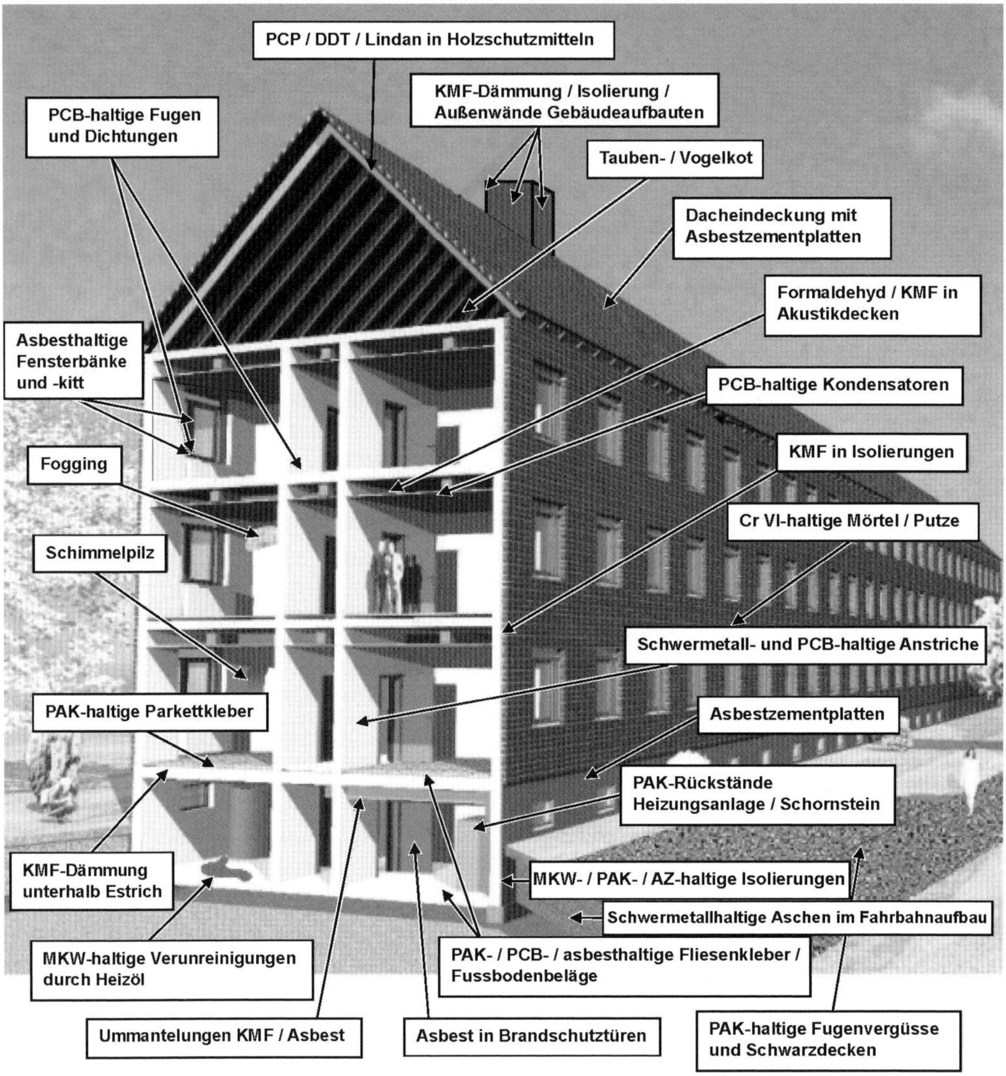

Abbildung 1: Mögliche Vorkommen von Schadstoffen in Baumaterialien und Einbauten in Gebäuden; ohne Anspruch auf Vollständigkeit (ergänzt nach „Baufachliche Richtlinien Recycling", 2018)

Der Begriff Motivation beschreibt, welche Ziel- bzw. Aufgabenstellung hinter einer Erkundung und Sanierung steht. Es kann zwischen vier Motivationen unterschieden werden (Abbildung 2 gemäß VDI Richtlinie 6202 Blatt 3, September 2021):

1. Nutzung (Erhalten des Bestands ohne Baumaßnahmen)
2. Baumaßnahmen (Instandhaltung/Sanierung/Wartung bei Erhalt des Bestands)
3. Abbruch/Rückbau (Teil- oder Komplettrückbau)
4. Wertermittlung (Ermitteln von schadstoffbedingten, finanziellen Risiken/Mehraufwendungen)

Abhängig von der Motivation kann sich ein unterschiedlicher Untersuchungsumfang für die Erkundung ergeben: z.B. wird bei Nutzung die Radonkonzentration in Innenräumen untersucht, jedoch ist bei Abbruch eine Innenraumluftmessung nicht notwendig.

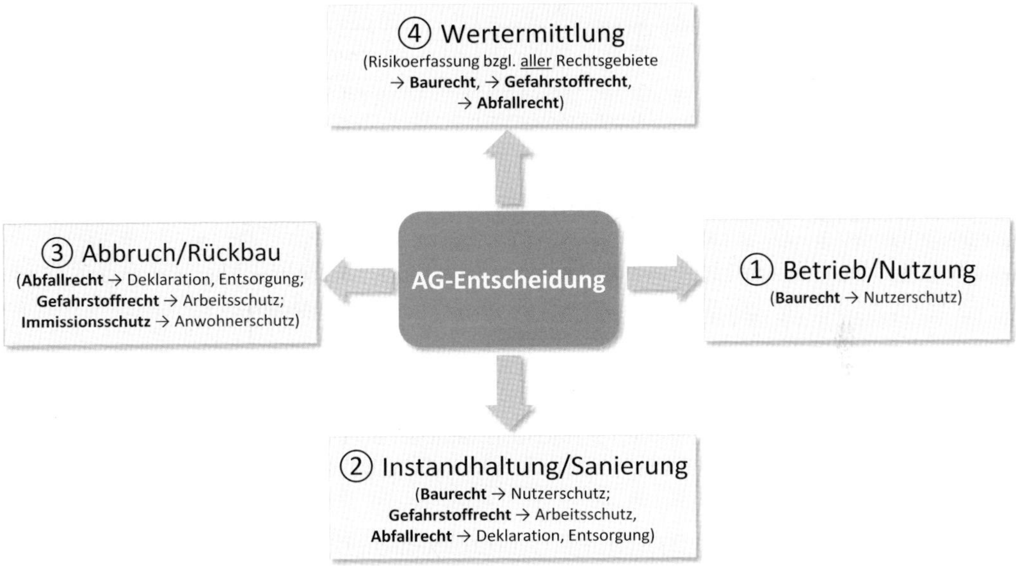

Abbildung 2: Entscheidungshilfe für den Auftraggeber zur Klärung der Aufgabenstellung und Motivation zur Schadstofferkundung und Sanierung. In Klammern stehen jeweils die wichtigsten zu adressierenden Rechtsgebiete.

In jedem Einzelfall ist der Untersuchungsumfang im Hinblick auf die zu untersuchenden Parameter vor dem Hintergrund der Motivation festzulegen (vgl. Tabelle 1).

	Motivation			
Parameter	**① Nutzung**	**② Baumaßnahmen**	**③ Abbruch/ Rückbau**	**④ Wertermittlung**
1. Asbest	X	X	X	X
2. Polychlorierte Biphenyle (PCB)/ Chlorparaffine (CP)	X	X	X	X
3. Holzschutzmittel (HSM)/ Biozide: Pentachlorphenol (PCP), Lindan, DDT	X	X	X	X
4. Polycyclische aromatische Kohlenwasserstoffe (PAK)	X	X	X	X
5. Alte Mineralwolle (künstliche Mineralfasern, KMF)	X	X	X	X
6. Schwermetalle (Pb, Cd, Cr, Hg, Zn, As, Sb)	X	X	X	X
7. Formaldehyd	X			X
8. Schimmelpilze	X	X	X	X

	Motivation			
Parameter	① **Nutzung**	② **Baumaß-nahmen**	③ **Abbruch/ Rückbau**	④ **Wert-ermittlung**
9. Radon	x			x
10. Taubenkot und anderer Vogelkot	x	x	x	x
11. VOC (flüchtige organische Verbindungen)	x			x
12. Geruch verursachende Verbindungen	x			x

Legende: x = relevant

Tabelle 1: Beispielhafte Auflistung der häufigsten, relevanten Schadstoffe in Bauwerken und technischen Anlagen und ihr Bezug zur Motivation (Liste ist nicht abschließend)

Das nachfolgende Leistungsbild soll dazu dienen, die Erkundung und Sanierung schadstoffbelasteter Bauwerke und technischer Anlagen systematisch und umfassend zu beschreiben. Ziel ist es, die anfallenden schadstoffhaltigen Baumaterialien und Einbauten auf rechtlich sicherer Basis zu erkunden, zu sanieren und die bei den Maßnahmen anfallenden Abfälle zu entsorgen.

Das Leistungsbild (Abbildung 3) ist in vier Schritte gegliedert:

0. Risikobewertung und orientierende Erkundung als Beitrag zur Bedarfsplanung
1. Erfassung und Erstbewertung der Historie und der Ist-Situation
2. Technische Erkundung mit Bewertung u.a. der Sanierungsnotwendigkeit
3. Planung, Ausschreibung und Überwachung

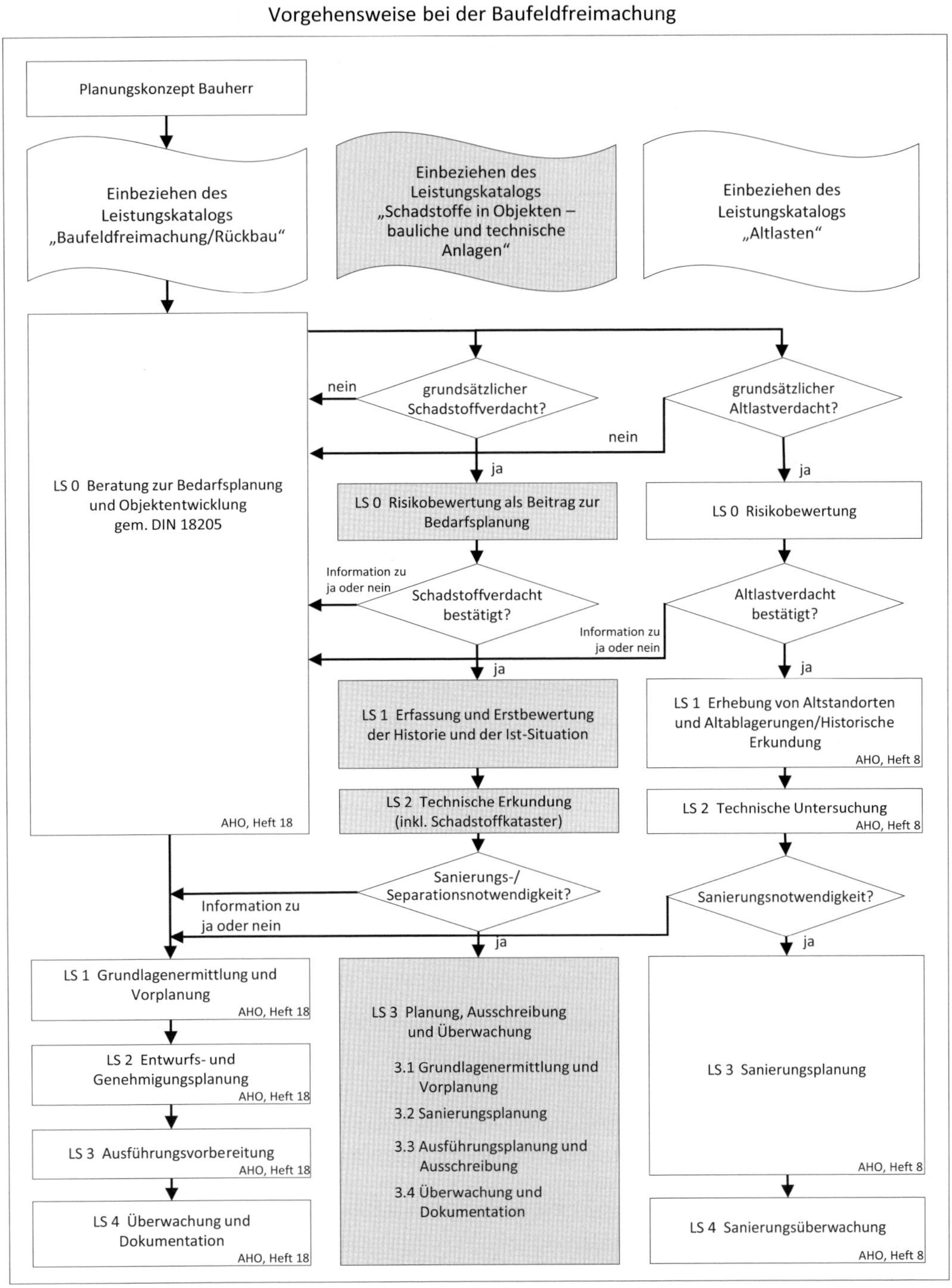

Abbildung 3: Ablaufschema

1 Einleitung

Der Beitrag zur Bedarfsplanung Baufeldfreimachung besteht in einer Risikobewertung bezüglich einer Schadstoffbelastung, einer Erfassung und Erstbewertung von Schadstoffen sowie einer Technischen Erkundung. Sollte sich hieraus ein Schadstoffverdacht bestätigen, sind weitere Untersuchungen notwendig.

Eine effiziente Erkundung, Bewertung und Sanierung von Schadstoffen in baulichen und technischen Anlagen erfordert die schrittweise Bearbeitung. Der Arbeitsumfang ist für jeden Auftrag projektbezogen anzupassen. Nicht in jedem Fall sind alle Details aller Leistungsschritte zu bearbeiten.

Nach Abschluss des Leistungsschritts 2 (Technische Erkundung) und dem Vorliegen des Schadstoffkatasters inkl. der Bewertung der Sanierungsnotwendigkeit und Sanierungsdringlichkeit bzw. Separationsnotwendigkeit sind die gutachterlichen Tätigkeiten abgeschlossen, und der Beitrag zur Bedarfsplanung Baufeldfreimachung liegt vor. Sollte sich aus den Ergebnissen des Leistungsschritts 2 eine Sanierungs-/Separationsnotwendigkeit ergeben, so ist mit dem Leistungsschritt 3 fortzufahren.

Im Leistungsschritt 3 (Planung, Ausschreibung und Überwachung) sind weitere Untergliederungen vorgenommen worden, denen jeweils Regelleistungen und Optionale Leistungen zugeordnet sind.

Für eine weiterführende Betrachtung wird auf die Baufachlichen Richtlinien Recycling des Bundes sowie länderspezifische Leitfäden/Arbeitshilfen (z.B. LfU Bayern) verwiesen. Aufgrund der komplizierten Materie und dem Mangel an standardisierten Leistungen ist eine Kostenermittlung nach DIN 276 schwierig.

Schadstoffsanierung ist ein umgangssprachlicher Begriff, der für die Behandlung, Entfernung oder räumliche Trennung schadstoffhaltiger Bauteile steht. Für die Schadstoffsanierung können in unterschiedlichem Umfang Fachplanungsleistungen erforderlich werden. Üblicherweise sind für die Standsicherheit von Rückbauzuständen eine Tragwerksplanung, für das Stilllegen der Technischen Ausrüstung die Fachkenntnis eines Fachplaners für Technische Anlagen, eines Vermessers für die Bestandsvermessung und artenschutzrechtliche Gutachten zur Dokumentation des Endzustands erforderlich.

Honorierung

Für die Gutachterleistungen der Leistungsschritte 0, 1 und 2 bis zum Schadstoffkataster (Erstbewertung und Technische Erkundung) ist das Honorar frei vereinbar.

Zur Ableitung eines angemessenen Honorars der Fachplanerleistungen des Leistungsschritts 3 werden erläuternd zwei Fälle dargestellt:

Fall 1: Die Maßnahme stellt eine eigenständige Fachplanungsleistung dar, die unabhängig von einer Objektplanung beauftragt wird. Der Fachplaner hat im Auftrag ausschließlich Leistungen im Zusammenhang mit dem Sichern, Sanieren und/oder Rückbau von Schadstoffen in Gebäuden und technischen Anlagen. Diese Leistungen sind in der HOAI nicht verordnet (Rückbau ist in § 2 HOAI „Begriffsbestimmungen" nicht aufgeführt), und das Honorar kann frei vereinbart werden.

Fall 2: Die Maßnahme stellt eine eigenständige Fachplanungsleistung dar, die im zeitlichen Zusammenhang mit Objektplanungen zur Erweiterung, zum Umbau, zur Modernisierung oder Instandsetzung (§ 3 Abs. 4 bis 6 und 8 HOAI) erbracht wird. Diese Leistungen sind ebenfalls in der HOAI nicht verordnet und stellen Besondere Leistungen dar, deren Honorar frei zu vereinbaren ist.

Unter den Regelleistungen sind alle normalerweise erforderlichen Maßnahmen zur erfolgreichen Durchführung einer Fachplanung zur Schadstoffsanierung und -entsorgung aufgeführt. Die Optionalen Leistungen kommen im Einzelfall dazu.

Dem Fachplaner muss aber weiterhin bewusst sein, dass

- mit großen Unwägbarkeiten beim Sanierungsumfang,
- einem höheren Bauüberwachungsaufwand als bei regulären Baumaßnahmen und
- einem höheren Aufwand durch die Anforderungen beim Bauen im Bestand

zu kalkulieren ist.

2 Leistungsbild für Gutachter- und Fachplaner bei Schadstoffen in Objekten – bauliche und technische Anlagen

Das nachfolgende Leistungsbild soll dazu dienen, die Erkundung und die Sanierung von Schadstoffen systematisch und umfassend zu beschreiben. Es gliedert sich in Regelleistungen, die grundsätzlich immer zu erbringen sind, und in Optionale Leistungen, die ergänzend im Einzelfall notwendig sein können. Diese sind nicht abschließend aufgeführt.

Um die Ziele des Auftraggebers zu konkretisieren und auf geplante Nutzungen abzustimmen, dienen die Studie zur Schadstoffbelastung, die historische sowie die Technische Erkundung dazu, dass der Objektplaner eine Bedarfsplanung vornehmen kann. Die historische (Leistungsschritt 1) und die Technische Erkundung (Leistungsschritt 2) dienen dazu, den Umfang und die Quantität der Schadstoffbelastung im Objekt zu ermitteln. Erst dann, mit dem Leistungsschritt 3, setzt die Planungsphase für die Sanierung der Schadstoffe ein. Diese beinhaltet auch die Planung und Überwachung der Abfallentsorgung.

2.0 Leistungsschritt 0: Risikobewertung zur Schadstoffbelastung als Beitrag zur Bedarfsplanung nach DIN 18205

Regelleistungen	Optionale Leistungen
Erarbeiten einer Studie zur Schadstoffbelastung als Beitrag zur Bedarfsplanung nach DIN 18205 • Durchsicht der zur Verfügung gestellten Bestandsunterlagen (Bestands- und Detailpläne, Gutachten, Berechnungen) • Initiale Ortsbesichtigung • Ermitteln des früheren Bauwerksbestands und der Nutzungsgeschichte einschl. möglicher Kriegseinwirkungen • Ermitteln der verwendeten Baustoffe durch Auswertung der Bestandsunterlagen und ggf. vorliegender Beprobungen • Identifizieren von Schadstoffverdachtsmomenten • Aufstellen einer überschlägigen Kostenermittlung als Handlungsgrundlage und Hinweise auf Kostenrisiken	

2.1 Leistungsschritt 1: Auswertung der Historie und Erfassung der Ist-Situation

Regelleistungen	Optionale Leistungen
1. Übernahme der Ergebnisse der Studie zur Schadstoffbelastung	
2. Klären der Aufgabenstellung • Ermitteln des Leistungsumfangs – Räumliche Abgrenzung – Motivation o Betrieb o Instandhaltung/Sanierung/Wartung o Abbruch/Rückbau o Wertermittlung – Zeitrahmen – Technische Gebäudeausrüstung – Nachbarschaft • Ermitteln der vorhandenen und zu beachtenden Rahmenbedingungen (z.B. Betriebsabläufe)	
3. Zusammenstellen aller vom Auftraggeber zur Verfügung gestellten Informationen • Sichten von zur Verfügung gestelltem Karten- und Datenmaterial, Bildern und Gutachten • Identifizieren von Verdachtsstellen anhand der zur Verfügung gestellten Unterlagen • Einholen erforderlicher Genehmigungen für Besichtigungen/Begehungen • Zusammenstellen der relevanten Unterlagen für die Objektbegehung	• Einbeziehen von Unterlagen aus externen Quellen • Zur-Verfügung-Stellen von Unterlagen aus eigenem Archiv • Auswerten von Spezialkarten
4. Objektbegehung • Erstellen eines Arbeits- und Sicherheitsplans für die Begehung • Abgleichen der Unterlagen mit Ist-Zustand • Ergänzen abweichender Bauausführung • Erfassen von weiteren Verdachtsstellen zu kontaminierten Bauteilen und technischen Anlagen	• Erfassen von technischen Anlagen, die z.B. dem Immissionsschutz unterliegen • Beantragen von Freigaben für technische Anlagen • Befragen von Anwohnern, Zeitzeugen und/oder Betriebsangehörigen

Regelleistungen	Optionale Leistungen
5. Auswerten und Zusammenstellen der vorliegenden Informationen • Auswerten und Zusammenstellen der vorliegenden Informationen • Kostenabschätzung für weiteren Untersuchungsbedarf	
6. Dokumentation der Ergebnisse in Berichtsform	• Anfertigen einer Environmental Due Diligence (Umweltrisikoprüfung)
7. Erläutern und einmaliges Präsentieren der Ergebnisse beim Auftraggeber	• Weitere Präsentationen vor verschiedenen Gremien auf Anordnung des Auftraggebers

2.2 Leistungsschritt 2: Technische Erkundung

Sollte ein Wechsel des Auftragnehmers stattfinden und/oder die Aktualität der bisherigen Ergebnisse nicht mehr gegeben sein, so sind die Optionalen Leistungen des Leistungsschritts 2, Nr. 1 als Regelleistungen zu verstehen.

Regelleistungen	Optionale Leistungen
1. Prüfen der Notwendigkeit der Einschaltung externer Fachleute • Prüfen der Notwendigkeit der Einschaltung anderer an der Erkundung Beteiligter • Formulieren von Entscheidungshilfen für die Auswahl anderer an der Erkundung fachlich Beteiligter z.B. Toxikologe, Statiker, Biologe usw.	• Einarbeiten in die Ergebnisse des Leistungsschritts 1 • Vervollständigen und ggf. Aktualisieren der vorhandenen Unterlagen, Daten und Informationen
2. Aufstellen des Untersuchungsprogramms • Zusammenstellen der für die Technische Erkundung relevanten Sachverhalte • Aufstellen eines Probenahmeplans mit Festlegen und Dokumentieren der Verdachtsmomente, Ableitung des Untersuchungsprogramms mit Art und Anzahl der Probenahme, Analytik etc., in Abstimmung mit dem Auftraggeber	• Zusätzliche wiederholte Bearbeitung des Leistungsschritts „Aufstellen des Untersuchungsprogramms"
3. Erkundungsvorbereitung und Durchführung • Erstellen eines Projektablaufplans für die Technische Erkundung	• Fachtechnische Betreuung mit ständiger Anwesenheit inkl. Probenahme

Regelleistungen	Optionale Leistungen
• Erstellen eines Arbeits- und Sicherheitsplans gemäß TRGS 524 für die Technische Erkundung • Vorbereiten der Vergabe • Mitwirken bei der technischen Vergabe • Überwachen und Koordination der Ausführung des abgestimmten Untersuchungsprogramms • Festlegen der Probenahmepunkte vor Ort • Führen eines Bautagebuchs • Rechnungsprüfung und Kostenfeststellung	• Sicherheitstechnische Koordination gemäß DGUV Regel 101-004/TRGS 524 • Erschwerniszuschlag bei Untersuchungen während der Nutzung des Objekts (Betriebsunterbrechungen, abschnittsweise Untersuchung, Schleusungen, Informationsmanagement, Arbeitsplatzmessungen, Schall- und Staubschutz etc.) • Zusätzliche wiederholte Bearbeitung des Leistungsschritts „Erkundungsvorbereitung und Durchführung"
4. Schadstoffkataster und Bewertung	
• Auswerten der Ergebnisse der Erkundung (Leistungsschritte 1 und 2) • Überprüfen, ob die vorliegende Auswertung der Ergebnisse die Fragestellung der Motivation beantwortet • Aufstellen des Schadstoffkatasters • Bewerten der Ergebnisse und Ableiten des weiteren Handlungsbedarfs (Sanierungsnotwendigkeit und Sanierungsdringlichkeit, ggf. Sofortmaßnahmen sowie Separationserfordernis) • Ermitteln der sanierungsrelevanten Mengen, Massen, Flächen etc. • Überschlägige Ermittlung der zu erwartenden Kosten für die Sanierung und Entsorgung • Ermitteln des zu erwartenden Zeitaufwandes der Schadstoffsanierung • Dokumentieren der Technischen Erkundung und ihrer Ergebnisse in Berichtsform • Erläutern und einmaliges Präsentieren der Ergebnisse	• Erstellen und Erläutern von Zwischenberichten • Erstellen und Erläutern von im Einzelfall erforderlichen Bewertungskriterien (Sensitivitätsanalysen) • Ableitung von nutzungsspezifischen Sanierungszielen für Einzelschadstoffe, ggf. unter Hinzuziehung von toxikologischen Fachbeiträgen • Beiträge zum Einarbeiten des Schadstoffkatasters in ein vorhandenes BIM • Abgleich des Schadstoffkatasters mit den Anforderungen aus Zertifizierungssystemen (BNB, DGNB u.a.) einschließlich Stellungnahme • Weitere Präsentationen vor verschiedenen Gremien auf Anordnung des Auftraggebers

2.3 Leistungsschritt 3: Planung, Ausschreibung und Überwachung

Sollte ein Wechsel des Auftragnehmers stattfinden und/oder die Aktualität der bisherigen Ergebnisse nicht mehr gegeben sein, so ist der Leistungsschritt 3-1 Nr. 1 (Grundlagenermittlung) als Regelleistung zu verstehen. Es ist weiterhin zu prüfen, ob die bisherigen Untersuchungen die aktuelle Motivation abdecken.

2.3.1 Leistungsschritt 3-1: Grundlagenermittlung und Vorplanung

Regelleistungen	Optionale Leistungen
1. Grundlagenermittlung	
• Klären der Aufgabenstellung • Objektbesichtigung • Beraten zum Leistungsbedarf (Sanierungsnotwendigkeit, Art(en) der Umsetzung, Zeitschiene) • Durcharbeiten aller dem Auftragnehmer vom Auftraggeber übergebenen/übermittelten Unterlagen, Daten und Informationen inkl. der Ergebnisse aus den vorausgegangenen Untersuchungen (Prüfung der Schadstofferkundung, Prüfung der Bestandspläne)	• Vervollständigen und ggf. Aktualisieren der vorhandenen Unterlagen, Daten und Informationen, wenn nötig durch zusätzliche Untersuchungen
2. Vorplanung	
• Erfassen peripherer Einflüsse und technischer Abhängigkeiten (Zugänglichkeiten, Medienleitungen, Bauen im Bestand und bei laufender Nutzung, Platzverhältnisse, Baustelleneinrichtungsflächen, Lagerflächen, Umfeldnutzung) • Bewerten bzw. Konkretisieren der Zielvorstellungen und Sanierungsziele im Hinblick auf Aktualität, Angemessenheit und Durchführbarkeit • Untersuchen, Vergleichen und Bewerten geeigneter Sanierungsmethoden • Ermitteln von Zielkonflikten (z.B. bzgl. Optik, Denkmalschutz, Statik, Brandschutz) • Erstellen eines Terminplans • Kostenschätzung nach DIN 276	• Ermitteln der Projektkenndaten für Logistik und Strategie
• Zusammenfassen, Erläutern und Dokumentieren der Ergebnisse der Grundlagenermittlung und Vorplanung	• Dokumentation der Ergebnisse in Berichtsform

2.3.2 Leistungsschritt 3-2: Sanierungsplanung

Regelleistungen	Optionale Leistungen
1. Entwurf Sanierungskonzept • Erarbeiten eines Sanierungskonzeptes mit zeichnerischer Darstellung unter Einarbeitung der Beiträge anderer an der Planung fachlich Beteiligter • Darlegen der Notwendigkeit des Einschaltens eines Sicherheits- und Gesundheitsschutzkoordinators gemäß BaustellV und/oder eines Koordinators nach TRGS 524 • Klären und Erläutern der wesentlichen fachspezifischen Zusammenhänge, Vorgänge und Bedingungen (Untersuchung von Ersatzmaßnahmen, Festlegung peripherer Maßnahmen, Festlegung technischer Eingriffe, Ermittlung der Notwendigkeit von gebäudetechnischen Provisorien) • Fortschreiben des Terminplans • Kostenberechnung nach DIN 276 • Zusammenfassen aller Unterlagen zum Sanierungskonzept	• Prüfen der Notwendigkeit und ggf. Vorbereiten der Vergabe, Überwachen und Auswerten von Pilotsanierungen • Aufstellen eines Sicherheits- und Gesundheitsschutzplans gemäß Baustellenverordnung (s.a. AHO-Heft 15) • Erarbeiten eines Arbeitsschutz- und Sicherheitsplans gemäß TRGS 524 inkl. Messprogramm und Immissionsschutzkonzept gemäß DGUV Regel 101-004 • Aufstellen eines Finanzierungs- und Kostenplans • Erarbeiten und Zusammenstellen der Vorlagen und Nachweise für öffentlich-rechtliche Genehmigungen oder Zustimmungen • Klären der Genehmigungsfähigkeit der möglichen Sanierungsmethoden • Verhandeln mit Behörden • Planen der Nachsorge bzw. Langzeitüberwachung beim Bauen im Bestand und bei Sicherungsmaßnahmen
2. Entwurf Entsorgungskonzept • Ermitteln der wesentlichen Baustellenabfälle nach Art und Menge • Ermitteln möglicher Entsorgungswege insbesondere für gefährliche Abfälle • Ermitteln der notwendigen Randbedingungen für Vorbehandlung, Bereitstellung, Transport und Entsorgung	
3. Dokumentation und Präsentation • Erläuterungsbericht inkl. zeichnerischer und rechnerischer Darstellung des Entwurfs des Sanierungs- und Entsorgungskonzeptes • Erläutern und einmaliges Präsentieren der Ergebnisse	• Mitwirken bei Anträgen auf Finanzierung

2.3.3 Leistungsschritt 3-3: Ausführungsplanung und Ausschreibung

Regelleistungen	**Optionale Leistungen**
1. Sanierungskonzept	
• Fertigstellen des ausgewählten Sanierungskonzeptes mit zeichnerischer Darstellung unter Einarbeitung der Beiträge anderer an der Planung fachlich Beteiligter • Erarbeiten und Darstellen der Arbeitsabläufe • Mitwirken beim Erläutern des Sanierungskonzeptes vor Gremien des Auftraggebers • Festlegen von Messungen zu Erfolgskontrollen und Abnahmen • Erstellen eines Detailterminplans • Zusammenfassen aller Unterlagen zum Sanierungskonzept	• Prüfen der Notwendigkeit und ggf. Vorbereiten der Vergabe, Überwachen und Auswerten von Pilotsanierungen • Fortschreiben eines Sicherheits- und Gesundheitsschutzplans gemäß Baustellenverordnung (s.a. AHO-Heft 15) • Fortschreiben eines Arbeitsschutz- und Sicherheitsplans gemäß TRGS 524 inkl. Messprogramm und Immissionsschutzkonzept gemäß DGUV Regel 101-004 • Planen der Nachsorge bzw. Langzeitüberwachung beim Bauen im Bestand und bei Sicherungsmaßnahmen • Fortschreiben eines Finanzierungs- und Kostenplans • Mitwirken beim Präsentieren der Ergebnisse vor Gremien des Auftraggebers • Mitwirken bei Anträgen auf Finanzierung
2. Entsorgungskonzept	
• Fertigstellen des Entsorgungskonzeptes • Zusammenstellen von Art und Mengen aller anfallenden Baustellenabfälle • Ermitteln der Entsorgungswege aller anfallenden Baustellenabfälle	• Festlegen der Baustellenlogistik für Bereitstellung, Transport und Entsorgung
3. Vorbereitung der Vergabe	
• Ermitteln und Aufgliedern der Mengen nach Einzelpositionen unter Verwendung der Beiträge anderer an der Planung fachlich Beteiligter • Auf- und Zusammenstellen der Verdingungsunterlagen, insbesondere Anfertigung der Leistungsbeschreibung mit Leistungsverzeichnis und der Besonderen und Zusätzlichen Technischen Vertragsbedingungen	• Erstellen der Leistungstexte nach besonderen Vorgaben des Auftraggebers (z.B. des Leistungsverzeichnisses mit Texten des STLB-Bau) • Durchführen eines öffentlichen Teilnahmewettbewerbs

Regelleistungen	Optionale Leistungen
• Ermitteln der Kosten auf der Grundlage eines vom Fachplaner bepreisten Leistungsverzeichnisses • Kostenkontrolle durch Vergleich der vom Fachplaner bepreisten Leistungsverzeichnisse mit der Kostenberechnung • Aufstellen eines Vergabeterminplans • Zusammenstellen der Vergabeunterlagen	
4. Mitwirkung bei der Vergabe	
• Einholen von Angeboten • Prüfen und Werten der Angebote in Hinblick auf die Leistungsfähigkeit, Zuverlässigkeit, Qualität und die personellen und technischen Voraussetzungen der Sanierungsfachbetriebe • Rechnerisches Prüfen und Werten der Angebote einschließlich Aufstellen des Preisspiegels • Mitwirken bei technischen Aufklärungsgesprächen mit Bietern • Mitwirken beim Erstellen des Vergabevorschlags; Dokumentation des Vergabeverfahrens • Vergleichen der Ausschreibungsergebnisse mit den vom Fachplaner bepreisten Leistungsverzeichnissen oder der Kostenberechnung • Mitwirken bei der Auftragserteilung	• Prüfen und Werten von Nebenangeboten und Änderungsvorschlägen

2.3.4 Leistungsschritt 3-4: Überwachung und Dokumentation

Regelleistungen	Optionale Leistungen
1. Sanierungsüberwachung • Überwachen der Ausführung der Sanierungs- und Entsorgungsleistungen auf Übereinstimmung mit dem Bauvertrag und den darin genannten Unterlagen sowie den allgemein anerkannten Regeln der Technik und den einschlägigen Vorschriften • Koordinieren der an der Sanierungsüberwachung fachlich Beteiligten • Überwachen des Bauzeitenplans • Dokumentation des Bauablaufs • Gemeinsames Aufmaß mit den ausführenden Unternehmen • Rechnungsprüfung • Kostenkontrolle	• Durchführen des elektronischen Abfallnachweisverfahrens • Fortschreiben der Sanierungsplanung während der Sanierungsdurchführung • Fortschreiben des Entsorgungskonzeptes • Fortschreiben des Messprogramms zu Erfolgskontrollen und Abnahmen • Fortschreiben des Bauzeitenplans • Aktualisieren des Sicherheits- und Gesundheitsschutzplans gemäß Baustellenverordnung • Aktualisieren des Arbeits- und Sicherheitsplans gemäß TRGS 524/DGUV Regel 101-004 • Wahrnehmen der Funktion eines Sicherheits- und Gesundheitsschutzkoordinators gemäß Baustellenverordnung • Wahrnehmen der Funktion eines Koordinators gemäß TRGS 524 • Überwachen auf Einhaltung des Arbeits- und Sicherheitsplans gemäß DGUV Regel 101-004/TRGS 524 • Einzelabnahmen zur Kontrolle von technischen Einrichtungen und Maßnahmen zum Sanierungsschutz (Fremdüberwachung der Sanierungsdurchführung)
2. Feststellen Sanierungserfolg • Zusammenfassendes Darstellen der Ergebnisse der Messungen zu Erfolgskontrollen und Abnahmen • Feststellen des Sanierungserfolgs	• zusätzliche messtechnische Begleitung der Sanierungsdurchführung • zusätzliche messtechnische Erfolgskontrolle
3. Abnahme • Organisation der Abnahme der Leistungen unter Mitwirkung anderer fachlich Beteiligter unter Feststellen von Mängeln • Überwachen der Beseitigung der bei der Abnahme der Leistungen festgestellten Mängel • Auflisten der Verjährungsfristen der Gewährleistungsansprüche	• Überwachen der Beseitigung von Mängeln, die innerhalb der Verjährungsfristen auftreten

Regelleistungen	Optionale Leistungen
4. Dokumentation • Kostenfeststellung • Dokumentation der durchgeführten Sanierungs- und Entsorgungsmaßnahmen • Dokumentation des Sanierungserfolges	• Aufstellen eines Rest-Schadstoffkatasters • Liefern von Beiträgen für ein BIM/Geoinformationssystem • Erstellen von Zwischenberichten • Aufstellen eines Nachsorge- bzw. Langzeitüberwachungskonzeptes mit Zeitplan

3 Erläuterungen einzelner Maßnahmen bei Schadstoffen in Objekten – bauliche und technische Anlagen

3.0 Leistungsschritt 0: Risikobewertung zur Schadstoffbelastung als Beitrag zur Bedarfsplanung nach DIN 18205

Die Bedarfsplanung ist ein Prozess, der dazu dient, die Bedürfnisse, Ziele und einschränkenden Gegebenheiten (die Mittel, die Rahmenbedingungen) des Bauherrn und wichtiger Beteiligter zu ermitteln und zu analysieren. Der Bedeutung von Vorabklärungen und dem Erarbeiten von Grundlagen im Hinblick auf die Nutzung am Beginn eines Investitionsvorhabens kann überhaupt nicht genug Aufmerksamkeit beigemessen werden. Auf jeden Fall liegt die Bedarfsplanung im Verantwortungsbereich des Bauherrn, gleich wie er ihr gerecht wird. Er kann damit Bedarfsplaner, Architekten, Ingenieure oder andere Fachleute beauftragen. Auf keinen Fall ist die Bedarfsplanung durch die Grundlagenermittlung der Planer abgedeckt, sondern ist Aufgabe des Bauherrn. Ein geeignetes Instrument hierzu ist die DIN 18205 „Bedarfsplanung im Bauwesen". Entsprechend sind diese Leistungen nicht in den Leistungsbildern und damit nicht im Honorar der HOAI enthalten.

Das **Erarbeiten einer Studie zur Schadstoffbelastung als Beitrag zur Bedarfsplanung nach DIN 18205** Tabelle B.3 erfolgt mit dem Ziel einer wirtschaftlichen Risikobewertung für den Bauherrn in Form einer Schadstoffrisikobewertung (Environmental Due Diligence). Dazu gehört das Sichten der zur Verfügung gestellten Bestandsunterlagen (Bestands- und Detailpläne, Gutachten, Berechnungen) mit einer initialen Ortsbesichtigung.

Das **Aufstellen einer überschlägigen Kostenermittlung als Handlungsgrundlage und Hinweise auf Kostenrisiken** umfassen die kontaminationsbedingten Mehraufwendungen. Es wird ausdrücklich darauf verwiesen, dass es sich nicht um eine Stufe der systematischen Kostenermittlung nach DIN 276 handelt. Sie soll dem Bauherrn als Handlungsgrundlage für seine weiteren Entscheidungen und zur Festlegung des weiteren Prüfungs- und Untersuchungsbedarfs dienen.

3.1 Leistungsschritt 1: Erfassung und Erstbewertung der Historie und der Ist-Situation

Um die Beteiligten der Objektbegehung nicht zu gefährden, ist das Erstellen eines Arbeits- und Sicherheitsplans für die Begehung notwendig. Dieser ist vom Auftragnehmer aufzustellen.

Unter **Auswerten und Erstbewerten der vorliegenden Informationen** ist das Auswerten und Verknüpfen von Informationen zwischen allgemeinen Angaben, Standort-/Umgebungskriterien, Stoffinventar, Vorkommnissen und bisherigen Maßnahmen zu verstehen. Dazu gehört auch eine erste Kostenabschätzung für weiteren Untersuchungsbedarf.

3.2 Leistungsschritt 2: Technische Erkundung

Aufstellen des Untersuchungsprogramms

Beim **Aufstellen des Untersuchungsprogramms** sind zunächst alle für die **Technische Erkundung relevanten Sachverhalte zusammenzustellen**. Hierzu zählen u.a. bereits vorliegende behördliche Auflagen/Bescheide, die Zugänglichkeit der baulichen Anlagen, die Probenahmemöglichkeiten sowie sonstige auf die Ausführung der geplanten Untersuchungsmaßnahmen einwirkende Gegebenheiten. Die vorgenannte Zusammenstellung ist ggf. in mehreren Schritten durchzuführen.

Mit dem **Aufstellen eines Probenahmeplans** wird das Untersuchungsprogramm in Abstimmung mit dem Auftraggeber festgelegt und schriftlich dokumentiert. Alle Erkundungsmaßnahmen, wie z.B. Aufschluss-, Probenahme- und Messpunkte, sind im Detail planerisch darzustellen, zu beschreiben und die relevanten Vorschriften, Normen und Richtlinien bei der Ableitung der Anzahl der Probenahmestellen zu benennen. Durch die Probenahmeplanung ist jedes Verdachtsmoment repräsentativ zu beproben. Wenn möglich ist die Aussagesicherheit anzugeben (s. hierzu VDI Richtlinie 6202 Blatt 3). Weiterhin sind die zu untersuchenden Parameter, die Aufschluss-/Analysenverfahren und die Analysenhäufigkeit festzulegen.

Bei der **Vorbereitung der Vergabe** sind Beginn und Dauer der Untersuchungen, Zutritt, Leitungsverlauf sowie haftungsrechtliche Klarstellungen bei Schäden mit zu berücksichtigen.

Das **Schadstoffkataster** (Regelinhalt siehe VDI/GVSS Richtlinie 6202 Blatt 1) beinhaltet u.a. das Untersuchungsprogramm inkl. Repräsentativität, Relevanz und Methodik sowie das Auswerten der Ergebnisse der Erkundung (Leistungsschritte 1 und 2). Das erfordert eine systematische, vollständige und plausible Darstellung der gesamten ermittelten Ergebnisse. Hierbei ist zu prüfen, ob die vorliegende Auswertung der Ergebnisse die Fragestellung der Motivation beantwortet.

- Darstellung der Motivation für die Untersuchung
- Allgemeine Beschreibung des Objekts (z.B. Baujahr, Bauweise)
- Nutzungsgeschichte
- Grundriss mit Probenahmestellen, Aussagen zur räumlichen Verteilung der Schadstoffbelastung mit eindeutiger Beschreibung des Gebäude- bzw. Anlagenbereichs, des Bauteils und des Baumaterials/-produkts
- Probenahmeprotokolle (handschriftlich oder digital)
- Analysenergebnisse/Laborberichte
- Fotodokumentation sämtlicher Verdachtsmomente und Probenahmestellen
- Hinweis und Dokumentation von Erkundungshemmnissen
- Darstellung der Erkundungsdichte und der damit korrespondierenden Aussagesicherheit/Erkenntnisgrenze

Beim **Bewerten der Ergebnisse zum Ermitteln des weiteren Handlungsbedarfs (Sanierungsnotwendigkeit und Sanierungsdringlichkeit bzw. Separationsnotwendigkeit)** erfolgt eine fachliche Bewertung aller ggf. beeinträchtigten Schutzgüter unter Berücksichtigung der derzeitigen und geplanten Nutzung. Die Bewertung hat sich nicht allein auf das Beschreiben von Überschreitungen von Vergleichswerten, Richtwerten usw. zu beschränken, sondern sollte das erkannte Risikopotenzial im Hinblick auf Schutzgüter erläutern und bzgl. einer möglichen Gefährdung beurteilen.

3.3 Leistungsschritt 3: Planung, Ausschreibung und Überwachung

3.3.1 Leistungsschritt 3.1: Grundlagenermittlung und Vorplanung

Das Beraten zum Leistungsbedarf umfasst zum einen die Prüfung einer aktuellen Sanierungsnotwendigkeit und zum anderen die Art der Umsetzung sowie die zeitlichen Anforderungen.

Beim Erfassen peripherer Einflüsse und technischer Abhängigkeiten werden Zugänglichkeiten, zu beachtende Medienleitungen, zusätzliche Anforderungen beim Bauen im Bestand und bei laufender Nutzung, Platzverhältnisse, Baustelleneinrichtungsflächen, Lagerflächen, Umfeldnutzung usw. geprüft.

Das Untersuchen, Vergleichen und Bewerten geeigneter Sanierungsmethoden erfolgt unter dem Gesichtspunkt, wie das Sanierungsziel erreicht werden kann. Das können eine Beschichtung, das Entfernen oder auch eine räumliche Trennung sein.

Potenzielle **Zielkonflikte** sind frühzeitig zusammen mit dem Bauherrn und fachkundigen Dritten zu **ermitteln** und identifizieren. Dabei kann es sich beispielsweise um Optik, Denkmalschutz, Statik und/oder Brandschutz handeln.

3.3.2 Leistungsschritt 3.2: Sanierungskonzept

Erarbeiten eines Sanierungskonzeptes mit zeichnerischer Darstellung unter Einarbeitung der Beiträge anderer an der Planung fachlich Beteiligter. Es umfasst:

- Allgemeine Daten (Anlass und Ziel der Arbeiten/Beteiligte Personen: Bauherr/Auftraggeber/Verfügungsberechtigter, beteiligte Behörden, Gutachter, Planer, Koordinator nach Baustellenverordnung (SiGeKo), Koordinator nach GefStoffV/Bauzeitenplan/Rahmenterminplan, ggf. mit Abläufen und gegenseitigen Abhängigkeiten)
- Informationen zu den Schadstoffen (Schadstoffkataster/Zusammenstellung der toxikologischen und physikalisch-chemischen Eigenschaften der ermittelten Schadstoffe sowie deren Aufnahmewege)
- Informationen zu Arbeitsbereichen und Arbeitsverfahren (Informationsermittlung zu umgebungsbedingten Faktoren, z.B. Emissionen und Immissionen, klimatische Bedingungen, räumliche Situation/Einteilung der Baustelle in Arbeitsbereiche mit Exposition gegenüber Schadstoffen (Schwarzbereiche)/Beschreibung der möglichen Arbeitsverfahren mit zeitlicher Abfolge der Leistungsschritte. Die Arbeitsverfahren sind so auszuwählen, dass die Gefährdung für die Beschäftigten möglichst gering ist.)

- Expositionsabschätzung/(vorläufige) Gefährdungsbeurteilung (Für die möglichen Arbeitsverfahren und den sich daraus ergebenden Tätigkeiten ist die inhalative, dermale und orale Schadstoffaufnahme abzuschätzen.)
- Baustellenlogistik (Förderwege auf der Baustelle/Bereitstellungsflächen/Transportwege von der Baustelle/Flucht- und Rettungswege)
- Erfolgskontrollen (Festlegungen zur Kontrolle des Sanierungserfolges (visuelle Abnahmen/Freigabemessungen))
- Dokumentation, Nachweise (Festlegung der von den verschiedenen Beteiligten (Bauleiter des Auftraggebers, Koordinator bzw. ausführenden Unternehmen) vorzunehmenden Dokumentationen/Festlegung der vom einzelnen Auftragnehmer vorzulegenden Dokumentationen bzw. Nachweise, z.B. Gefährdungsbeurteilung, Betriebsanweisung, Unterweisung, Arbeitsmedizinische Vorsorge, Filterbuch/Fortschreibung des Schadstoffkatasters nach Durchführung von Sanierungsmaßnahmen)
- Klären und Erläutern der wesentlichen fachspezifischen Zusammenhänge, Vorgänge und Bedingungen (Untersuchung von Ersatzmaßnahmen, Festlegung peripherer Maßnahmen, Festlegung technischer Eingriffe, Ermittlung der Notwendigkeit von gebäudetechnischen Provisorien)

3.3.3 Leistungsschritt 3.3: Ausführungsplanung und Ausschreibung

Nach Entscheidung über das umzusetzende Sanierungskonzept ist dieses unter Einarbeitung der Beiträge anderer an der Planung fachlich Beteiligter zeichnerisch darzustellen, mit u.a. Baustelleneinrichtungsplan, Bereichsplänen, Sanierungsphasenplänen, Abschottungsdetails, Demontageplänen, Förderwegen, Bereitstellungsflächen, Baustelleneinrichtungsflächen.

4 Empfehlungen zur Honorierung von Gutachter- und Planerleistungen bei der Schadstoffsanierung

Die Verwendung der Systematik der Honorarermittlung nach HOAI kann viele Vorteile mit sich bringen. Sie ist allen Parteien seit über 40 Jahren bekannt, sie ist bewährt und sie ist auch in der Rechtsprechung und Kommentarliteratur weitgehend geklärt. Veränderungen sind dem Planungsprozess immanent, denn ein solcher Vertrag wird meist zu einem Zeitpunkt geschlossen, bei dem noch weitgehend ungeklärt ist, was das genaue Planungsergebnis sein soll und welches die erforderlichen Entscheidungen hin zum Ziel sind. Dabei ist das Honorar in der HOAI an die Kosten gekoppelt. Eine Honorierung der Leistungen auf der Basis von anrechenbaren Kosten ist jedoch bei der Bearbeitung von Leistungen zur Schadstoffsanierung wenig sinnvoll und nicht praktikabel. Es wird daher vorgeschlagen, die Leistungen nach kalkuliertem Aufwand auf der Basis von zu vereinbarenden Stunden- bzw. Tagessätzen zu vergüten. Die nachfolgenden Ausführungen sind daher lediglich als Empfehlungen und als Kalkulationshilfen zu verstehen. Sie enthalten keine Vergütungstatbestände.

4.1 Gutachterleistungen

Die Leistungsschritte 1 und 2 des Leistungsbildes (Erstbewertung und Technische Erkundung) sind Besondere Leistungen und fallen nicht unter die Preisverordnung der HOAI. Hier bietet es sich an, eine Honorarermittlung bzw. Honorarvereinbarung über Stunden- bzw. Tagessätze vorzunehmen.

4.2 Planerleistungen

Die Sanierungsplanung stellt eine eigenständige Planungsleistung dar. Der Planer hat im Auftrag ausschließlich Leistungen im Zusammenhang mit dem Sichern, Sanieren und/oder Rückbau von Schadstoffen in Gebäuden, baulichen und technischen Anlagen und Freianlagen. Diese Leistungen sind in der HOAI nicht verordnet (Rückbau ist in § 2 HOAI „Begriffsbestimmungen" nicht aufgeführt), und das Honorar kann frei vereinbart werden.

4.3 Herleiten der Stundensätze mit Randbedingungen

Der AHO verschafft sich jährlich im Zuge der Umfrage „Wirtschaftliche Lage der Ingenieure und Architekten" einen Überblick über die derzeitige Ertragssituation der Büros. Mit dieser Umfrage werden auch die Gemeinkostenfaktoren, nach Bürogrößen geordnet, ermittelt. Daraus entwickelt der AHO eine jährlich angepasste Stundensatzempfehlung und stellt auf der Homepage einen Stundensatzrechner zur Verfügung (https://www.aho.de/service/stundensatzrechner/). Bei den angegebenen Stundensätzen handelt es sich um Nettobeträge. Alternativ können auch Tagesverrechnungssätze oder Wochenverrechnungssätze vereinbart werden. Diese Verrechnungssätze beinhalten die Gemeinkostenfaktoren (GKF), bestehend aus Gehalt, Soziallöhnen und Sozialkosten, die indirekten Personalkosten der Geschäftsführung und des Sekretariats, die Geschäftskosten für Raumnutzung, Bürobetrieb, Fahrzeughaltung, Reisen, Büroversicherung und EDV sowie Wagnis (5 %) und Gewinn (5 %).

Die bei der Ausführung entstehenden Nebenkosten des Auftragnehmers sind projektspezifisch und können auf Nachweis unter Berücksichtigung des Umsatzsteuergesetzes oder als Prozentsatz der Verrechnungssätze abgerechnet werden. Bei Projektlaufzeiten von ≥ 24 Monaten sind die Verrechnungssätze mit den voraussichtlichen Steigerungssätzen zu indizieren.

4.4 Ermittlung von „Leitparametern" für die Honorierung

Zur Ermittlung von Leitparametern wurden insgesamt 86 Schadstoffsanierungsprojekte untersucht. In diesen Projekten wurden alle Leistungsschritte teilweise oder vollständig bearbeitet. Die Auswertung ergibt die folgende durchschnittliche prozentuale Verteilung der Projektstunden:

Leistungsschritt 1	8 %
Leistungsschritt 2	24 %
Leistungsschritt 3.1	8 %
Leistungsschritt 3.2	8 %
Leistungsschritt 3.3	12 %
Leistungsschritt 3.4	40 %

Das Baujahr des Gebäudes korreliert nicht mit dem Aufwand. Es gibt keinen Unterschied im Aufwand, ob das Sanierungsobjekt hinterher rückgebaut oder anschließend weiterverwendet wird.

Im Folgenden wird untersucht, ob sich Korrelationen zwischen der Komplexität eines Gebäudes, dem Alter, Abbruch oder Sanierung, der Brutto-Grundfläche oder dem Brutto-Rauminhalt eines Bauwerkes mit dem Stundenaufwand ergeben.

a) Vergleich Komplexität der Gebäude/Stundenaufwand

	I	II	III	IV
Leistungsschritt 1	n.v.	12 %	6 %	5 %
Leistungsschritt 2	n.v.	22 %	21 %	21 %
Leistungsschritt 3.1	n.v.	8 %	8 %	7 %
Leistungsschritt 3.2	n.v.	10 %	8 %	8 %
Leistungsschritt 3.3	n.v.	14 %	12 %	13 %
Leistungsschritt 3.4	n.v.	34 %	45 %	46 %

I = einfach, IV = sehr komplex

Unter Komplexität der Gebäude wird sowohl die Anzahl der verschiedenen Nutzungen als auch die Anzahl der Stockwerke und Einbauten verstanden. Mit steigender Komplexität der Gebäude erhöht sich prozentual der Aufwand bei der Sanierungsüberwachung.

b) Vergleich Sanierung oder Abbruch/Stundenaufwand

	Abbruch		Sanierung	
	MW	MD	MW	MD
Leistungsschritt 1	7 %	7 %	6 %	6 %
Leistungsschritt 2	24 %	27 %	22 %	28 %
Leistungsschritt 3.1	7 %	8 %	8 %	8 %
Leistungsschritt 3.2	8 %	7 %	8 %	9 %
Leistungsschritt 3.3	11 %	13 %	12 %	11 %
Leistungsschritt 3.4	43 %	38 %	44 %	38 %

MW = Mittelwert, MD = Median

Es zeigt sich eindeutig, dass sich der prozentuale Aufwand zwischen Abbruch und Sanierung kaum unterscheidet.

c) Vergleich BGF/Stundenaufwand

BGF = Brutto-Grundfläche nach DIN 227-1

Ergebnis: Es ist kein klarer Zusammenhang erkennbar und daher nicht als Leitparameter anwendbar.

d) Vergleich Brutto-Rauminhalt/Stundenaufwand

BRI = Brutto-Rauminhalt nach DIN 277-1

Ergebnis: Es ist kein klarer Zusammenhang erkennbar und daher nicht als Leitparameter anwendbar.

e) Vergleich BGF/Stundenaufwand/Komplexität der Gebäude

Die untersuchten 86 Datensätze aus abgeschlossenen Schadstoffsanierungsmaßnahmen zeigen einen signifikanten Zusammenhang auf. Er steigt mit der zunehmenden Komplexität der Gebäude an.

f) Vergleich BGF/Stundenaufwand/Komplexität der Schadstoffe

Unter Komplexität von Schadstoffen werden sowohl die Anzahl verschiedener Schadstoffe im Objekt als auch die Schwierigkeiten bei der Untersuchung, der Demontage bzw. Separation und der Entsorgung verstanden. Hier spielen die Randbedingungen und die Zeitdauer der Sanierung eine wesentliche Rolle. Ein signifikanter Zusammenhang zwischen BGF und der Komplexität der Schadstoffe besteht insofern, als dass größere Grundflächen mehr Untersuchungs- und Probenahmepunkte erforderlich machen, um die Repräsentativität der Untersuchungsergebnisse zu gewährleisten.

4.5 Stufenweise Beauftragung

Die bisherigen Erfahrungen und die Analyse der Anforderungen von Auftraggebern (z.B. Bundesbau, siehe hierzu BMI/BMV 2018: Baufachliche Richtlinien Recycling) zeigen deutlich, dass eine stufenweise Beauftragung sinnvoll ist.

5 Abkürzungen und Definitionen

5.1 Abkürzungen

aK	anrechenbare Kosten
BIM	Building Information Modeling
BGF	Brutto-Grundfläche
BGR	Berufsgenossenschaftliche Regeln
BNB	Bewertungssystem Nachhaltiges Bauen für Bundesgebäude
BRI	Brutto-Rauminhalt
DGNB	Deutsches Gütesiegel für Nachhaltiges Bauen
DGUV	Deutsche Gesetzliche Unfallversicherung
GefStoffV	Gefahrstoffverordnung
GWB	Gesetz gegen Wettbewerbsbeschränkungen
KMF	Künstliche Mineralfasern
LS	Leistungsschritt
mvB	mitverarbeitete Bausubstanz
STLB-Bau	Standardleistungsbuch Bau
TRGS	Technische Regeln für Gefahrstoffe
VDI	Verband Deutscher Ingenieure e.V.
VergRModG	Vergaberechtsmodernisierungsgesetz
VgV	Vergabeverordnung

5.2 Definitionen

Arbeits- und Sicherheitsplan	Ist bei Baumaßnahmen mit Gefahrstoffen zu rechnen, ist die davon ausgehende Gefährdung zu ermitteln und darauf aufbauend in der Planungsphase ein Arbeits- und Sicherheitsplan zu erarbeiten. In diesem werden neben der Beschreibung der Gefährdungen die zum Schutz der Beschäftigten notwendigen Schutzmaßnahmen definiert (vgl. TRGS 524 – Schutzmaßnahmen bei Tätigkeiten in kontaminierten Bereichen).
Bauzeitenplan	Der Bauzeitenplan stellt die Koordination und Kontrolle aller Gewerke zur Erreichung eines geordneten, reibungslosen Ablaufs dar. Ziel ist es, den vorgesehenen Fertigstellungstermin eines Bauprojektes zu sichern.

Entsorgungs-konzept	Auf der Basis des Kreislaufwirtschaftsgesetzes erfolgt die Deklaration der anfallenden Abfälle sowie Abschätzung der anfallenden Massen, die Ermittlung von Entsorgungswegen aller anfallenden Abfälle unter Beachtung der örtlichen Abfallsatzungen und der länderspezifischen Andienungspflichten gefährlicher Abfälle, die Klärung der Annahmebereitschaft der Entsorgungseinrichtung (Annahmeerklärung), die Erarbeitung von Vorgaben zur Vorbehandlung, Verpackung, Handhabung und Bereitstellung der Abfälle auf der Baustelle sowie der Transportwege von der Baustelle zur Entsorgungseinrichtung.
Environmental Due Diligence (Umwelt-Risiko-prüfung)	Der engere Begriff der Environmental Due Diligence bezeichnet die Feststellung des tatsächlichen Zustandes von Grundstücken, Gebäuden und Anlagen als Teil der technischen Due Diligence. Die technische Umwelt-Risikoprüfung wird üblicherweise in zwei Phasen unterteilt: Die **Phase I (Environmental) Due Diligence** umfasst als Ausgangspunkt eine sog. **Desk Top Begutachtung**, d.h. die Prüfung der vom Veräußerer zur Verfügung gestellten Dokumente. Diese Prüfung kann auf die Auswertung von allgemein zugänglichen Informationen bei Behörden, wie z.B. Luftbildarchive, aber auch spezifische Behördenakten oder Behördengespräche erstreckt werden, ebenso wie auf Gespräche mit sachkundigen Mitarbeitern. Schwerpunkt der Phase I ist üblicherweise eine umfassende historische Untersuchung des Zielunternehmens und seines gegenwärtigen und früheren Grundbesitzes. Ferner müssen die gegenwärtige Nutzung, wie auch die Produktionsabläufe, gebäude- und grundstücksgenau festgestellt werden. Da es nicht möglich ist, eine lückenlose invasive Untersuchung durchzuführen, besteht das vorrangige Ziel der Phase I (Environmental) Due Diligence darin, besonders risikoträchtige Aspekte und Bereiche zu bestimmen, die einer weiteren Untersuchung in der Phase II bedürfen. In der **Phase II (Environmental) Due Diligence** werden dann entsprechende **invasive Untersuchungen**, wie die Entnahme und Analyse von Proben, durchgeführt.[1]
Gefahrstoff	Gefahrstoffe sind gefährliche Stoffe und Gemische, denen Gefährlichkeitsmerkmale zugeschrieben werden (GefStoffV, 11/2016).
Historische Erkundung	Erstaufnahme von Verdachtsstellen der Gebäudesubstanz bzw. der technischen Anlage durch Sichten von Unterlagen und Plänen sowie Befragung von kundigen Personen.
Kontamination	Verunreinigung von Baumaterialien oder technischen Anlagen mit schädlichen Stoffen (Gefahrstoffe und Biostoffe).
Leistungsschritt	werkvertraglicher Arbeitsschritt

1 Vgl. Beisel, Daniel/Andreas, Friedhold E., Beck'sches Mandats-Handbuch Due Diligence, 2017, § 23 Rn. 7 ff.

Optionale Leistungen	Es handelt sich um Leistungen, die über die Regelleistungen hinausgehen.
Regelleistung	Die Regelleistung stellt alle zur ordnungsgemäßen Erfüllung eines Auftrages im Allgemeinen erforderlichen Leistungen dar. Sie können als Leistungstatbestände vertraglich vereinbart werden.
Rückbau	Planvolle Teilung eines vorherigen Ganzen in zwei oder mehrere Teile, bei Anwendung geeigneter Verfahren zum ganzen oder teilweisen Zerlegen von baulichen oder technischen Anlagen.
Schadstoffe im Bauwesen	Stoffe, die entweder selbst oder im Zusammenwirken mit anderen Stoffen oder durch ihre Abbauprodukte oder Emissionen Mensch oder Umwelt schädigen können.
Schadstoffkataster	Das Schadstoffkataster ist die Dokumentation der festgestellten baustoffimmanenten und nutzungsbedingten schadstoffbelasteten Baustoffe, deren Konzentration, Lage und Ausdehnung. Es sollte ebenfalls das Untersuchungsprogramm inkl. Repräsentativität, Relevanz und Methodik enthalten.
Schadstoffsanierung	Schadstoffsanierung ist ein umgangssprachlicher Begriff, der für die Behandlung, Entfernung oder räumliche Trennung schadstoffhaltiger Bauteile steht. Aufgabe der Schadstoffsanierung ist es, durch Schadstoffe hervorgerufene Gefahren oder Belästigungen zu beseitigen, durch Separation ein Recycling der Hauptabfallfraktion zu ermöglichen oder angestrebte Sanierungszielwerte zu erreichen.
Technische Erkundung	Verifizierung von Art und Umfang von Verdachtsmomenten der Gebäudesubstanz bzw. der technischen Anlage durch organoleptische Ansprache, Entnahme von Materialproben, Bohrkernen oder der Durchführung von Raumluftmessungen – ggf. mehrstufig.
Verdachtsmoment	Ein Verdachtsmoment ist ein möglicherweise schadstoffhaltiges Material/Produkt, das an einem oder mehreren Bauteilen gleichartig lokalisiert wird. Ein Verdachtsmoment kann sich dabei aus einer Vielzahl gleichartiger Verdachtsstellen in einer baulichen oder technischen Anlage zusammensetzen. Der Festlegung eines Verdachtsmoments liegt die Arbeitshypothese zugrunde, dass die in diesem Verdachtsmoment zusammengefassten einzelnen Verdachtsstellen einen einheitlichen Analysenbefund ergeben werden (vgl. VDI Richtlinie 6202 Blatt 3).
Verdachtsstelle	Eine Verdachtsstelle ist ein an einem Bauteil lokalisiertes möglicherweise schadstoffhaltiges Material/Produkt: Eine Verdachtsstelle kann unterschiedliche Ausprägungen (flächig, linienförmig, punktuell) aufweisen (vgl. VDI Richtlinie 6202 Blatt 3).

6 Quellen und weiterführende Literatur

6.1 Quellen

AGS – Ausschuss für Gefahrstoffe (Hrsg.), TRGS 524 Schutzmaßnahmen bei Tätigkeiten in kontaminierten Bereichen, Ausgabe: Februar 2010, GMBl 2010 Nr. 21 S. 419–450 (01.04.2010), zuletzt geändert und ergänzt: GMBl 2011 S. 1018–1019 [Nr. 49–51], Ausschuss für Gefahrstoffe – AGS-Geschäftsführung – BAuA – www.baua.de

AHO – Ausschuss der Verbände und Kammern der Ingenieure und Architekten für die Honorarordnung (Hrsg.), Heft 1 HOAI Planen und Bauen im Bestand – Arbeitshilfen zur Bestimmung der anrechenbaren Kosten aus mitzuverarbeitender Bausubstanz und des Zuschlags für Umbauten und Modernisierungen, 2., vollst. überarb. und erw. Aufl. 2018, Bundesanzeiger Verlag, Köln

AHO – Ausschuss der Verbände und Kammern der Ingenieure und Architekten für die Honorarordnung (Hrsg.), Heft 15 Leistungen nach der Baustellenverordnung: Leistungsbild und Honorierung, 2., vollst. überarb. und erw. Aufl. 2011, Bundesanzeiger Verlag, Köln

AHO – Ausschuss der Verbände und Kammern der Ingenieure und Architekten für die Honorarordnung e.V (Hrsg.), Heft 18 Planungsbereich „Baufeldfreimachung/Rückbau" – Leistungsbild und Honorierung, 2., vollst. überarb. Aufl. 2014, Bundesanzeiger Verlag, Köln

AHO – Ausschuss der Verbände und Kammern der Ingenieure und Architekten für die Honorarordnung (Hrsg.), Heft 21 Untersuchungen zu interdisziplinären Leistungen zur Wertoptimierung von Bestandsimmobilien, 1. Aufl. 2006, Bundesanzeiger Verlag, Köln

Bayerisches Landesamt für Umweltschutz (Hrsg.), Kontaminierte Bausubstanz: Erkundung, Bewertung, Entsorgung, 2003, Selbstverlag, Augsburg

Beisel, D./Andreas, F. E. (Hrsg.), Beck'sches Mandats-Handbuch Due Diligence, 3. Aufl. 2017, C.H. Beck, München

BMUB – Bundesministerium für Umwelt, Naturschutz, Bau und Reaktorsicherheit und BMVg – Bundesministerium der Verteidigung (Hrsg.), Baufachliche Richtlinien Recycling (BFR Recycling), https://www.bfr-recycling.de/

DIN – Deutsches Institut für Normung e.V. (Hrsg.), DIN 276 Kosten im Bauwesen, 2018, Beuth-Verlag, Berlin

DIN – Deutsches Institut für Normung e.V. (Hrsg.), DIN 277 Grundflächen und Rauminhalte im Hochbau, 2021, Beuth-Verlag, Berlin

DIN – Deutsches Institut für Normung e.V. (Hrsg.), DIN 18205 Bedarfsplanung im Bauwesen, 2016, Beuth-Verlag, Berlin

GefStoffV – Gefahrstoffverordnung vom 26.11.2010 (BGBl. I S. 1643, 1644), zuletzt geändert durch Artikel 2 der Verordnung vom 21.7.2021 (BGBl. I S. 3115)

GWB – Gesetz gegen Wettbewerbsbeschränkungen in der Fassung der Bekanntmachung vom 26.6.2013 (BGBl. I S. 1750, 3245), zuletzt geändert durch Artikel 2 des Gesetzes vom 19.7.2022 (BGBl. I S. 1214)

Hauptverband der gewerblichen Berufsgenossenschaften (Hrsg.), DGUV Regel 101-004 „Kontaminierte Bereiche", 2006, http://www.bgbau-medien.de/dguv/101_004/titel.htm

HOAI – Honorarordnung für Architekten und Ingenieure vom 10.7.2013 (BGBl. I S. 2276), zuletzt geändert durch Artikel 1 der Verordnung vom 2.12.2020 (BGBl. I S. 2636)

IFB – Institut für Freie Berufe (Hrsg.), Die wirtschaftliche Lage von Ingenieur- und Architekturbüros 2015 (AHO-Umfrage Bürokosten 2015), http://www.aho.de/projekte/buerokostenvergleich_2015.php3

Reimers, R., Erste Hilfe – Die Ermittlung von Stundensätzen mit dem AHO-Stundensatzrechner und mit einer neuen DATEV-Lösung, in: Deutsches Ingenieurblatt, Ausgabe 10/2006, S. 50–53

VergRModG – Gesetz zur Modernisierung des Vergaberechts (Vergaberechtsmodernisierungsgesetz) vom 17.2.2016 (BGBl. I S. 203)

VgV – Vergabeverordnung vom 12.4.2016 (BGBl. I S. 624), zuletzt geändert durch Artikel 2 des Gesetzes vom 9.6.2021 (BGBl. I S. 1691)

6.2 Weiterführende Literatur

AGS – Ausschuss für Gefahrstoffe (Hrsg.), TRGS 900 Arbeitsplatzgrenzwerte, Ausgabe: Januar 2006, BArBl. Heft 1/2006, S. 41-55, zuletzt berichtigt: GMBl 2018 S. 9 [Nr. 1] (vom 29.01.2018), Ausschuss für Gefahrstoffe – AGS-Geschäftsführung – BAuA – www.baua.de

AGS – Ausschuss für Gefahrstoffe (Hrsg.), TRGS 521 Abbruch-, Sanierungs- und Instandhaltungsarbeiten mit alter Mineralwolle, Ausgabe: Februar 2008, Ausschuss für Gefahrstoffe – AGS-Geschäftsführung – BAuA – www.baua.de

AGS – Ausschuss für Gefahrstoffe (Hrsg.), TRGS 519 Asbest: Abbruch-, Sanierungs- oder Instandhaltungsarbeiten, Ausgabe: Januar 2014, GMBl 2014 S. 164-201 (20.03.2014) [Nr. 8/9], geändert und ergänzt: GMBl 2015 S. 136-137 [Nr. 7] (vom 02.03.2015), Ausschuss für Gefahrstoffe – AGS-Geschäftsführung – BAuA – www.baua.de

Asbest-Richtlinie – Richtlinie für die Bewertung und Sanierung schwach gebundener Asbestprodukte in Gebäuden, Fassung: Januar 1996, Ministerialblatt für das Land Nordrhein-Westfalen, Nr. 51 vom 2.9.1997

BAuA – Bundesanstalt für Arbeitsschutz und Arbeitsmedizin und BBSR – Bundesinstitut für Bau-, Stadt- und Raumforschung im BBR – Bundesamt für Bauwesen und Raumordnung und UBA – Umweltbundesamt (Hrsg.), Leitlinie für die Asbesterkundung zur Vorbereitung in und an älteren Gebäuden, 2020

BMUB – Bundesministerium für Umwelt, Naturschutz, Bau und Reaktorsicherheit (Hrsg.), Leitfaden Nachhaltiges Bauen – Zukunftsfähiges Planen, Bauen und Betreiben von Gebäuden, 2016, http://www.nachhaltigesbauen.de/fileadmin/pdf/Leitfaden_2015/LFNB_D_final-barrierefrei.pdf

Bossemeyer, H. D./Dolata, S./Schubert, U./Zwiener, G., Schadstoffe im Baubestand, 2016, Verlagsgesellschaft Rudolf Müller GmbH & Co. KG, Köln

ChemVerbotsV – Chemikalien-Verbotsverordnung vom 20.1.2017 (BGBl. I S. 94), zuletzt geändert durch Artikel 300 der Verordnung vom 19.6.2020 (BGBl. I S. 1328)

Deutscher Abbruchverband (Hrsg.), Abbrucharbeiten: Grundlagen, Planung, Durchführung, 3., aktual. und erw. Aufl. 2015, Verlagsgesellschaft Rudolf Müller GmbH & Co. KG, Köln

GAEB – Gemeinsamer Ausschuss Elektronik im Bauwesen und DVA – Deutscher Verdingungsausschuss für Bauleistungen (Hrsg.), Standardleistungsbuch LB 084 „Sanierungsarbeiten an schadstoffhaltigen Bauteilen", Bauen im Bestand (BiB)

Gesamtverband Schadstoffsanierung (Hrsg.), Schadstoffe in Innenräumen und an Gebäuden: erfassen, bewerten, beseitigen, 2., aktual. und erw. Aufl. 2014, Rudolf Müller Verlag, Köln

Hauptverband der gewerblichen Berufsgenossenschaften (Hrsg.), BGI 664/DGUV Information 201-012 – Verfahren mit geringer Exposition gegenüber Asbest bei Abbruch-, Sanierungs- und Instandhaltungsarbeiten, 2000, Berufsgenossenschaftliche Informationen für Sicherheit und Gesundheit bei der Arbeit (BGI) (bisher ZH 1/511), http://publikationen.dguv.de/dguv/pdf/10002/bgi664.pdf

Ministerium für Umwelt und Naturschutz, Landwirtschaft und Verbraucherschutz, des Landes Nordrhein-Westfalen, Leitfaden Gesundheitsbewusst modernisieren. Wohngebäude von 1950 bis 1975, Aktionsprogramm Umwelt und Gesundheit Nordrhein-Westfalen, 2. Aufl. 2007, Selbstverlag, Düsseldorf

PCB-Richtlinie NRW – Richtlinie für die Bewertung und Sanierung PCB-belasteter Baustoffe und Bauteile in Gebäuden, RdErl. d. Ministeriums für Bauen und Wohnen v. 3.7.1996, II B 4-476.101 (am 1.1.2003: MSWKS)

PCP-Richtlinie – Richtlinie für die Bewertung und Sanierung Pentachlorphenol (PCP)-belasteter Baustoffe und Bauteile in Gebäuden, Fassung: Oktober 1996 vom 4.2.1997 (GABl. S. 233)

Umweltbundesamt (Hrsg.), Leitfaden zur Vorbeugung, Erfassung und Sanierung von Schimmelbefall in Gebäuden, 2017, Selbstverlag, Dessau

VDI/GVSS, Richtlinie 6202 Blatt 1: Schadstoffbelastete bauliche und technische Anlagen – Abbruch-, Sanierung- und Instandhaltungsarbeiten, Oktober 2013, Beuth Verlag, Berlin

VDI, Richtlinie 6202 Blatt 3: Schadstoffbelastete bauliche und technische Anlagen – Asbest – Erkundung und Bewertung, September 2021, Beuth Verlag, Berlin

Zwiener, G./Lange, F.-M. (Hrsg.), Handbuch Gebäude-Schadstoffe und gesunde Innenraumluft, 2012, Schmidt-Verlag, Berlin

Ausschuss der Verbände und Kammern
der Ingenieure und Architekten
für die Honorarordnung e.V.

Der AHO – Tradition und gewachsene Kompetenz

Der AHO Ausschuss der Verbände und Kammern der Ingenieure und Architekten für die Honorarordnung e.V. ist der Zusammenschluss maßgeblicher Ingenieurverbände, der Länderingenieurkammern Deutschlands und einiger Architektenkammern und -verbände. Als Fachverband wahrt und vertritt er die Honorar- und Wettbewerbsinteressen von Ingenieuren und Architekten.

Die Facharbeit des AHO wird in themenbezogen zusammengestellten Arbeitsgremien von hochqualifizierten Ingenieuren und Architekten ehrenamtlich geleistet. Im Mittelpunkt stehen die Diskussionen von Grundsatzfragen zum Honorar- und Wettbewerbsrecht, die Weiterentwicklung der bestehenden Leistungsbilder der Verordnung über die Honorare für Architekten- und Ingenieurleistungen (Honorarordnung für Architekten und Ingenieure – HOAI) sowie die Erarbeitung neuer Leistungsbilder. Beratungsergebnisse aus den einzelnen Arbeitsgremien werden in der Schriftenreihe des AHO als Praxishilfe für Auftragnehmer und Auftraggeber veröffentlicht.

Ausschuss der Verbände und Kammern
der Ingenieure und Architekten
für die Honorarordnung e.V.

Mitgliedsorganisationen im AHO

Verbände

abv Arbeitskreis Beratende Ingenieure – Vermessung – im BDB Baden-Württemberg

BAB Berufsverband freischaffender Architekten und Bauingenieure e.V.

BDB Bund Deutscher Baumeister, Architekten und Ingenieure e.V.

BDG Berufsverband Deutscher Geowissenschaftler e.V.

BDK Bundesverband Deutscher Baukoordinatoren e.V.

BDVI Bund der Öffentlich bestellten Vermessungsingenieure e.V.

BVPI Bundesvereinigung der Prüfingenieure für Bautechnik e.V.

BVS Bundesverband öffentlich bestellter und vereidigter sowie qualifizierter Sachverständiger e.V.

DVP Deutscher Verband für Projektmanagement in der Bau- und Immobilienwirtschaft e.V.

IGVB Ingenieurverband Geoinformation und Vermessung Bayern e.V.

UBF Unabhängige Berater für Fassadentechnik e.V.

VBI Verband Beratender Ingenieure

VDI Verein Deutscher Ingenieure e.V.

VDR Verband der Restauratoren e.V.

VDV Verband Deutscher Vermessungsingenieure e.V.

VIV Verband der Ingenieurbüros für Verkehrstechnik e.V.

V.S.G.K. Verband der Sicherheits- und Gesundheitsschutzkoordinatoren Deutschlands e.V.

Kammern

Architektenkammer Baden-Württemberg

Architektenkammer der Freien Hansestadt Bremen

Architektenkammer Sachsen

Architektenkammer Thüringen

Architekten- und Ingenieurkammer Schleswig-Holstein

Architekten- und Stadtplanerkammer Hessen

Baukammer Berlin

Bayerische Architektenkammer

Bayerische Ingenieurekammer-Bau

Brandenburgische Ingenieurkammer

Hamburgische Ingenieurkammer-Bau

Ingenieurkammer Baden-Württemberg

Ingenieurkammer-Bau Nordrhein-Westfalen

Ingenieurkammer der Freien Hansestadt Bremen

Ingenieurkammer des Saarlandes

Ingenieurkammer Hessen

Ingenieurkammer Mecklenburg-Vorpommern

Ingenieurkammer Niedersachsen

Ingenieurkammer Rheinland-Pfalz

Ingenieurkammer Sachsen

Ingenieurkammer Sachsen-Anhalt

Ingenieurkammer Thüringen

Außerordentliche Mitglieder

BDA Bund Deutscher Architektinnen und Architekten

bdia bund deutscher innenarchitekten e.V.

bdla Bund Deutscher Landschaftsarchitekten

SRL Vereinigung für Stadt-, Regional- und Landesplanung e.V.

VFA Vereinigung Freischaffender Architekten Deutschlands e.V.

Ausschuss der Verbände und Kammern
der Ingenieure und Architekten
für die Honorarordnung e.V.

Veröffentlichungen in der Schriftenreihe des AHO

Weitere Informationen und Bestellungen unter www.aho.de/schriftenreihe.

Nr. 1 **Planen und Bauen im Bestand – Arbeitshilfen zur Bestimmung der anrechenbaren Kosten aus mitzuverarbeitender Bausubstanz und des Zuschlags für Umbauten und Modernisierungen**
ISBN 978-3-8462-0990-5, 2. Auflage 2018, 32,80 €

Nr. 2 **Örtliche Bauüberwachung bei Ingenieurbauwerken und Verkehrsanlagen**
ISBN 978-3-8462-0431-3, 2014, 14,80 €

Nr. 3 **Besondere Leistungen bei der Tragwerksplanung und Erläuterungen zu den Grundleistungen – Besondere Leistungen zur HOAI 2021 Teil 4 Abschnitt 1, § 51 mit Anlage 14**
ISBN 978-3-8462-1355-1, 6. Auflage 2021, 32,80 €

Nr. 4 **Besondere Leistungen bei der Planung von Objekten der Wasser- und Abfallwirtschaft nach Teil 3 Abschnitt 3, § 41 HOAI 2013**
ISBN 978-3-8462-0824-3, 3. Auflage 2017, 16,80 €

Nr. 5 **Verkehrsplanerische Leistungen – Leistungsbeschreibung mit Honorarvorschlag**
ISBN 978-3-8462-0768-0, 2. Auflage 2018, 24,80 €

Nr. 6 **Besondere Leistungen bei der Planung von Anlagen der Technischen Ausrüstung nach Teil 4 Abschnitt 2, Anlage 15, Nr. 15.1 HOAI 2013**
ISBN 978-3-8462-0317-0, 3. Auflage 2014, 14,80 €

Nr. 7 **Besondere Leistungen bei der Planung von Ingenieurbauwerken nach Teil 3 Abschnitt 3 – § 41 Nr. 6 (konstruktive Ingenieurbauwerke für Verkehrsanlagen) und Nr. 7 (sonstige Einzelbauwerke, ausgenommen Gebäude und Freileitungsmaste) HOAI 2013**
ISBN 978-3-8462-0436-8, 2. Auflage 2015, 14,80 €

Nr. 8 **Untersuchungen zum Leistungsbild und zur Honorierung für den Planungsbereich „Altlasten"**
ISBN 978-3-89817-914-0, 2. Auflage 2010, 21,80 €

Nr. 9 **Projektmanagement in der Bau- und Immobilienwirtschaft – Standards für Leistungen und Vergütung**
ISBN 978-3-8462-1120-5, 5. Auflage 2020, 41,80 €

Nr. 10 **GIS-Dienstleistungen – Leistungsphasen nach Fachthemen mit Honorarzonen und Honorartafeln**
ISBN 978-3-8462-1434-3, 2. Auflage 2022, 24,80 €

Nr. 11 **Leistungen Building Information Modeling – Die BIM-Methode im Planungsprozess der HOAI**
ISBN 978-3-8462-1002-4, 2019, 24,80 €

Ausschuss der Verbände und Kammern
der Ingenieure und Architekten
für die Honorarordnung e.V.

Nr. 12 **Arbeitshilfen zur Vereinbarung von Ingenieurverträgen für die Bearbeitung von Generalentwässerungsplänen (GEP)**
ISBN 978-3-8462-0437-5, 2. Auflage 2014, 14,80 €

Nr. 13 **HVA F-StB – Handbuch für die Vergabe und Ausführung von freiberuflichen Leistungen im Straßen- und Brückenbau –, Stand April 2019 mit Teilausgabe April und Juli 2019**
Entwurf zur Fortschreibung des HVA F-StB, Ausgabe 2021
Benutzerhinweise des AHO
ISBN 978-3-8462-1368-1, 2. Auflage 2021, 32,80 €

Nr. 14 **Tafelfortschreibung Erweiterte Honorartabellen – §§ 20.1, 21.1, 28.1, 29.1, 30.1, 31.1, 32.1, 35.1, 40.1, 44.1, 48.1, 52.1, 56.1, Anlage 1, Nr. 1.1 und 1.2**
ISBN 978-3-8462-0710-9, 3. Auflage 2016, 21,80 €

Nr. 15 **Leistungen nach der Baustellenverordnung**
ISBN 978-3-8462-1401-5, 3. Auflage 2022, 16,80 €

Nr. 16 **Untersuchungen zum Leistungsbild und zur Honorierung für das Facility Management Consulting**
ISBN 978-3-89817-841-9, 4. Auflage 2010, 28,80 €

Nr. 17 **Leistungen für den bauordnungsrechtlichen Brandschutz**
ISBN 978-3-8462-1477-0, 4. Auflage 2022, 24,80 €

Nr. 18 **Planungsbereich „Baufeldfreimachung/Rückbau"**
ISBN 978-3-8462-0234-0, 2. Auflage 2014, 14,80 €

Nr. 19 **Ergänzende Leistungsbilder im Projektmanagement für die Bau- und Immobilienwirtschaft**
ISBN 978-3-8462-0049-0, 2. Auflage 2018, 41,80 €

Nr. 20 **Abgrenzung der Vergütung von Freianlagen und Verkehrsanlagen nach der HOAI 2013**
ISBN 978-3-8462-0825-0, 3. Auflage 2019, 24,80 €

Nr. 21 **Interdisziplinäre Leistungen zur Wertoptimierung von Bestandsimmobilien**
ISBN 978-3-89817-632-3, 2006, 28,80 €

Nr. 22 **Interdisziplinäres Projektmanagement für PPP-Hochbauprojekte**
ISBN 978-3-89817-645-3, 2006, 28,80 €

Nr. 23 **Wärmeschutz und Energiebilanzierung**
ISBN 978-3-8462-1435-0, 3. Auflage 2022, 16,80 €

Nr. 24 **Planung von Lichtsignalanlagen**
ISBN 978-3-8462-1436-7, 2. Auflage 2022, 16,80 €

Nr. 25 **Leistungen für Baulogistik**
ISBN 978-3-89817-947-8, 2011, 14,80 €